LE
SUFFRAGE UNIVERSEL

ET

LES ABSTENTIONS,

PAR

M. DECOUS DE LAPEYRIÈRE

Ancien Procureur général.

I. — La Vérité sur la Volonté générale. — II. Législation électorale — III. L'Élection à deux degrés. — IV. L'Élection directe. — V. Les Garanties nécessaires. — VI. Les Indignités. — VII. L'Habitude de l'Abstention. — VIII. Répression indispensable et légitime.

E. LACHAUD, éditeur,

A Paris, place du Théâtre-Français, 4.

1871.

LE
SUFFRAGE UNIVERSEL

ET
LES ABSTENTIONS.

Entre les divers sujets que comprend l'étude de la morale publique, il n'en est pas de plus délicat que celui que nous abordons ; mais, si glissant que soit le terrain, il n'y a pas à hésiter.

Qui veut la fin veut les moyens. Il faut que chacun prenne part à l'action commune, que personne n'hésite à se mêler aux entretiens sérieux, dont l'ensemble forme comme l'air ambiant destiné à retremper le sens moral. Si les honnêtes gens se taisent, les autres parleront d'autant plus haut ; et nous n'aurons plus d'autre refuge que la résignation : *Frères, il faut mourir !* N'épargnons donc pas nos efforts, notre amour-propre dût-il en souffrir ; car en fin de compte, il n'y a pas de bonne volonté stérile : les mœurs sont comme les terres, leurs fruits sont en raison de leur culture.

Notre thèse est celle-ci : il appartient au pouvoir législatif de déterminer les règles de conduite commandées par l'intérêt social ; et, si le désordre qui règne dans les esprits ne permet plus de rien attendre de l'état des mœurs, il est de première nécessité que des préceptes coactifs aient raison de la confusion, car on ne sait, à l'heure qu'il est, si on sera gouverné par la volonté générale, ou si c'est l'anarchie des factions qui prévaudra.

Le suffrage universel, au point de vue de la logique, est inattaquable ; et si, dans la pratique, nous le voyons *ondoyant et divers*, disons-nous que c'est le caractère de toutes les conventions humaines, et que la faute en revient à l'imprudence des contractants.

Il faut s'y résigner, la vie est un combat ; c'est à chacun de payer de sa personne, s'il veut sauvegarder ses intérêts. Et il n'est pas vrai que le suffrage universel ainsi entendu soit entaché de matérialisme ; l'intérêt personnel guiderait-il chacun de nous au point de nous placer d'avance, qui dans le camp des conservateurs, qui dans le camp des révolutionnaires, l'individualisme disparaît dans la foule, chacun ayant son intérêt différent.

La meilleure preuve de l'inanité des critiques qu'on adresse au suffrage universel, résulte d'ailleurs des jugements divers eux-mêmes que porte à ce sujet chaque parti, suivant qu'il triomphe ou qu'il échoue.

Le tout est de comprendre que le principal est de ne pas faire défaut, sous peine de perdre son procès.

———

I

Diderot définit la volonté générale en ces termes :

« C'est un acte pur de l'entendement qui raisonne dans le silence des passions sur ce que l'homme peut exiger de son semblable, et sur ce que son semblable est en droit d'exiger de lui. C'est à elle que l'individu doit s'adresser pour savoir jusqu'où il doit être citoyen, père, enfant. »

Rien ne dit mieux que si la volonté générale, en tant qu'accord de toutes les volontés d'un peuple réuni dans une vue d'intérêt national, est souveraine, c'est non par délégation d'une prétendue souveraineté individuelle, qui n'existe pas, mais bien par délégation du génie de la civilisation.

La volonté, même unanime, d'un rassemblement, si nombreux qu'on le veuille, n'est jamais qu'un fait, tant que l'organisation de ce rassemblement n'est pas un véritable abrégé du genre humain, dont le consentement seul peut constituer le droit.

C'est seulement lorsque la raison humaine affirme ainsi la vérité sociale, que la voix du peuple mérite d'être appelée la voix de Dieu. Et une nation ne peut se prévaloir de la certitude d'une volonté générale, qu'à la condition de posséder une universalité de citoyens ayant foi dans certains principes, et agissant comme un seul homme sur les questions générales.

On peut ajouter que l'élection, comme principe fondamental de gouvernement, et comme intervention du libre arbitre dans l'organisation de la hiérarchie sociale, est la loi suprême, puisque les hommes ne peuvent ainsi avoir d'autres chefs que ceux qu'ils se sont donnés.

La pratique est-elle toujours conforme à cette théorie ? Cela dépend du degré de civilisation d'un peuple, du développement plus ou moins avancé de son esprit public, et aussi de son système électif lui-même.

Sous une démocratie, qui n'admet pas plus la légitimité de la tradition que les supériorités arbitraires, rien n'importe autant que le meilleur moyen de traduire le sentiment général en expressions aussi rationnelles que peut le permettre l'alliance du sens commun et des lumières. Cherchons donc ce moyen.

C'est en jetant un coup-d'œil rétrospectif sur la législation électorale qu'on jugera des difficultés de cette recherche par les vicissitudes qu'elle a traversées.

II

Le comité de constitution, en 1789, voulait trois degrés ; l'assemblée constituante n'en vota que deux et conféra le droit de choisir des électeurs aux citoyens actifs (ceux qui payaient une contribution directe égale à la valeur de trois journées de travail). Les assemblées primaires se réunissaient au chef-lieu de canton, où elles procédaient à l'élection des représentants.

En 1792, tout cens électoral fut supprimé.

En 1793, la convention, renonçant au double degré, divisa la population en fractions de 40,000 citoyens, appelés à nommer directement un député ; mais ce système n'exista que sur le papier, son exécution ayant été ajournée.

En 1795 on revint au deux degrés.

En 1800, on essaya de trois listes de notabilités : les assemblées primaires choisissaient un dixième de leurs membres qui composait une liste communale, d'où sortait une liste départementale formée par le dixième de la précédente. Enfin, cette assemblée désignait un dernier dixième appelé liste nationale, sur laquelle le sénat prenait les législateurs et les tribuns.

Ensuite se succédèrent les tatonnements de 1815, de 1817, de 1819, de 1820, de 1831, que remplaça enfin le système de 1848, qui fait tout le monde électeur.

Il n'y a plus de raison pour que les élus ne soient pas les plus dignes, n'est-ce pas ? or, on sait quelle confiance on met en eux, lorsqu'on veut ne leur confier qu'un mandat impératif !

Que conclure de tout cela, si ce n'est qu'on n'est jamais content ?

Quoi qu'il en soit, et si capricieuse que soit la politique, les gens de bien ne doivent pas se tenir à l'écart. N'oublions pas ce que disait le satirique : *Osez-tout, si vous voulez être quelque chose!* N'aidons pas les audacieux, en restant inactifs.

Un des plus considérables publicistes de l'école socialiste, à qui l'on doit d'utiles vérités entre beaucoup de paradoxes, Proudhon a écrit ces lignes dignes d'être méditées :

« Tous les systèmes électoraux sont des mécaniques à mensonge. Tous ces citoyens qui pour raison de travail, de maladie, de voyage, ou faute d'argent pour aller aux élections, seront forcés de s'abstenir, comment les comptez-vous ! Sera-ce d'après le proverbe : qui ne dit rien consent ? mais consent à quoi ? A l'opinion de la majorité ou à celle de la minorité ?

Dans vos comices, le suffrage d'un Lamartine ne compte pas plus que celui d'un mendiant. Direz-vous que la considération due aux hommes de mérite leur est acquise par l'influence qu'ils exercent sur les électeurs ? alors les suffrages ne sont pas libres. En faisant voter par scrutin de liste, on dit à l'électeur : Voici nos amis, les amis de la République ; et voilà nos adversaires qui sont aussi des adversaires de la République : choisissez. Et l'électeur, qui ne peut apprécier l'idonéité des candidats, vote de confiance. Au lieu de faire nommer les députés par chaque arrondissement, on les fait élire par département. On a voulu, par cette mesure, détruire l'esprit de localité, empêcher que la France ne soit un congrès de 459 représentations. Pourquoi alors ne faites-vous pas nommer par chaque électeur les députés de toute la France ? La chose est impossible. Tout système qui ne peut être vrai qu'à la condition d'être impossible, me paraît un pauvre système.

» Dans la théorie des démocrates, le problème du gouvernement consiste à éliminer toutes les idées, moins une, qui remuent l'opinion, et à déclarer souveraine celle qui a la majorité. Mais la question est de savoir comment toutes les idées divergentes se trouveront conciliées. Comment donner en même temps la sécurité à la bourgeoisie et des garanties au prolétariat ? — Bien loin que la démocratie puisse résoudre cette difficulté, tout son art est de la trancher. Elle fait appel à l'urne ; l'urne est tout à la fois le niveau, la balance. Avec l'urne, elle élimine les hommes ; avec l'urne législative, elle élimine les idées. La démocratie n'est autre chose que la tyrannie des majorités, tyrannie la plus exécrable de toutes, car elle ne s'appuie ni sur l'autorité d'une religion, ni sur une noblesse de race, ni sur les prérogatives du talent et de la fortune : elle a pour base le nombre, et pour masque le nom de peuple. »

S'il fallait ajouter pleine foi à ce langage, où

en serions-nous ? mais non ; le suffrage universel est perfectible, et puisqu'il faut vivre avec lui, c'est le *modus vivendi* né et actuel à régulariser.

III

N'arrivera-t-on à perfectionner le suffrage universel que par des intermédiaires ?

Affirmons de suite qu'il ne peut être question de jurys supérieurs, dont, à tort ou à raison, la compétence serait contestée ; car ce qu'il faut éviter avant tout, c'est qu'on prétende que l'élection n'est pas la fidèle expression de la conscience générale. D'ailleurs il y aurait bientôt là de véritables corporations, qui, avec le temps, ne manqueraient pas de prendre un esprit exclusif et dominateur.

C'est le reproche qu'on adresse au *scrutin de liste*, et avec raison, selon nous, parce qu'il laisse trop de chances à la minorité. En effet, si les radicaux trouvent les prolétaires de plus en plus disposés à emboîter le pas aveuglément, en vue de la terre promise dont ils font l'objectif de la croisade moderne, les chances de succès des conservateurs diminuent tous les jours, parce que les troupes dont ces derniers disposent, n'ayant pas les mêmes ressorts que celles qui aspirent à monter, s'abstiennent pour la plus grande partie. Comment en serait-il autrement ? lorsqu'on n'a pas de haines vigoureuses, on ne comprend guère qu'il soit nécessaire de voter sur l'étiquette du sac, sous peine de se préparer des déceptions, qui, hélas ! ne seront jamais des leçons pour les gens qui, croyant leur fortune bien assise, se contentent de se retrancher dans un égoïsme fatal.

Il en est de même *à fortiori* de cet autre système, plus radical encore, qui, sous prétexte de conjurer les influences locales, transporte l'élection, non-seulement du chef-lieu de la commune au chef-lieu de canton, mais encore au chef-lieu du département.

Ce n'est pas autre chose qu'une réminiscence de l'histoire de Thémistocle : lorsqu'après la victoire de Salamine, il s'agit d'adjuger les couronnes, chacun des généraux vota d'abord pour lui, mais tous donnèrent la seconde à Thémistocle, qui obtint ainsi le premier prix.

N'est-ce pas toujours cela ? s'écrie-t-on volontiers ; et si les électeurs de chaque arrondissement votent pour la célébrité du clocher, il faudra bien, pour compléter la liste, sortir de l'arrondissement et chercher au dehors les notabilités les plus éclatantes. Il n'y a qu'une difficulté, c'est qu'elles sont rares, les notabilités qui sautent aux yeux de l'électeur au-delà de son horizon.

Tout au plus pourrait-on redouter que tel ou tel arrondissement, rival de son voisin, dans une question de douanes, par exemple, nomme un représentant inféodé à ses intérêts ; mais a-t-on la prétention de ne composer une assemblée que d'esprits de même école ; n'est-il pas désirable, au contraire, que toutes les opinions soient représentées et défendues ?

Si le scrutin de liste peut séduire en ce qu'il empêche des candidatures inouïes de se produire, il dépasse le but en ce qu'il ferme la porte aux hommes modestes qui se tiennent éloignés des coteries. Ce n'est pas tout ; voyez les abstentions qu'il détermine d'une part, les ligues implacables dont il est la cause d'autre part. Et pourquoi ce beau résultat ? Parce qu'il importe de ne pas laisser les célébrités de clocher sans concurrence, dit-on. Quand l'élection appartenait à une famille, par cela seul qu'elle comptait un certain nombre d'électeurs à 200 fr., ou lorsque, les députés ne recevant pas d'indemnité, les candidats n'étaient pas assez nombreux pour qu'on eût l'embarras du choix, il pouvait en être ainsi ; mais cela est bien changé.

IV

Lamartine, au pouvoir, était-il dans le vrai, lorsqu'il plaidait la cause du suffrage à deux degrés, comme celle de l'avenir, tout en manifestant ses préférences du moment pour le suffrage direct? Il est évident, au contraire, que ce n'est pas lorsque les citoyens sont plus instruits ou mieux façonnés à la vie publique qu'il y a lieu de les déposséder d'un droit acquis, ou, si l'on veut, d'une fonction à laquelle ils se sont rompus. Quoi qu'il en soit, ce qu'il y a de plus clair, c'est que, tout poète qu'il était, Lamartine cédait à la raison politique!

Que les gouvernements évitent de mécontenter les citoyens, c'est leur droit; mais la question n'est pas là quand il s'agit de logique morale.

Cherchons donc le mieux, abstraction faite de tout intérêt passager. Il n'était peut-être pas prudent de conférer, dès 1848, à tout le monde l'élection, mais on l'a fait; faut-il revenir sur ce qui est admis dans la pratique depuis plus de vingt ans? Il est toujours temps de revenir sur ses erreurs, à la condition de faire mieux. Ferait-on mieux en substituant le suffrage à deux degrés au suffrage direct?

J'entends dire que ceux qui brigueraient ou

accepteraient les fonctions d'électeurs ne manqueraient pas de sentir que leur responsabilité est en-
gagée ; qu'ils se prendraient au sérieux, par cela
seul qu'ils jouiraient d'un privilége, d'une faveur,
d'un honneur; qu'ils s'exagéreraient plutôt leur
importance qu'ils ne la laisseraient s'amoindrir.
C'est possible; mais ce qui est certain, c'est que
les assemblées primaires chargées de nommer les
électeurs ne montraient pas beaucoup de zèle.

Lisez le *Moniteur* du 17 juin 1791 :

« On conçoit avec peine que les assemblées primaires d'é-
lections aient pu devenir moins nombreuses à mesure que les
droits politiques ont acquis du développement et de la soli-
dité. Il est difficile d'assigner une cause à l'indifférence qu'ont
successivement marquée pour le droit du suffrage la plupart
de ceux qui semblaient plus particulièrement y tenir ; on
s'étonne qu'avec le progrès des idées libres, on en ait, en
quelque sorte, perdu de vue l'application et fait de l'activité
citoyenne une prérogative abstraite, sans concours effectif à
l'organisation des pouvoirs. On devrait comprendre que cet
éloignement absurde, cette indifférence ont pour effet d'aban-
donner le choix des représentants de la souveraineté à un pe-
tit nombre d'habitants, moins attachés peut-être par l'intérêt
de la propriété à la stabilité des pouvoirs que ceux qui s'ab-
sentent par paresse, par versatilité, par mauvaise humeur.
Cette pénurie de votants n'est propre qu'à favoriser l'intrigue. »

Les indifférents ne furent pas convertis, et la
Convention dut renoncer aux deux degrés.

Comment croire en effet que l'esprit public des

masses, dont la responsabilité est dégagée, soit tenu en haleine, et que les citoyens non actifs s'intéressent à une élection qui en définitive leur restera étrangère? Par ce moyen, on réussirait tout au plus à ménager du calme aux réunions préparatoires, mais, si le calme a du bon, il n'en faut pas trop; et en évitant la turbulence, on retomberait sous le joug de l'oligarchie, qui ne vaut guère mieux. Ajoutez à cela que les exclus se plaindraient amèrement et se rangeraient bien vite du côté des révoltés. Le peuple veut bien que le droit de représentation ne puisse appartenir qu'aux notabilités, mais il ne comprendra jamais que son instinct ne suffit pas pour lui permettre de choisir directement ses représentants. En effet, voyez si le paysan, ne sachant ni lire ni écrire, ne se rend pas compte de la situation; s'il ne se montre pas prudent, s'il ne s'informe pas, s'il ne consulte pas et s'il ne se décide pas avec indépendance, quoi qu'on fasse, après avoir pesé le pour et le contre.

Nous avons rappelé les plaintes que le gouvernement de 1791 adressait aux assemblées primaires, au point de vue de la désorganisation rapide de ces assemblées; donnons maintenant la parole à ce métaphysicien par excellence, Sieyès, qui, prenant la société *à priori*, chercha à l'établir sur les principes du droit naturel, qui ne sont pas mobiles comme les œuvres des hommes :

« Il ne faut pas se contenter, comme on le fait trop souvent, de donner son désir, ou sa volonté, ou l'usage, pour des raisons, il faut remonter aux principes. Les droits politiques, comme les droits civils, doivent tenir à la qualité de citoyen. Cette propriété légale est la même pour tous, sans égard au plus ou moins de propriété réelle dont chaque individu peut composer sa fortune ou sa jouissance. Tout citoyen qui réunit les conditions déterminées pour être électeur a droit de se faire représenter, et sa représentation ne peut pas être une fraction de la représentation d'un autre. Ce droit est un ; tous l'exercent également par la loi qu'ils ont concouru à faire. Comment peut-on soutenir d'un côté que la loi est l'expression de la volonté générale, c'est-à-dire de la pluralité, et prétendre en même temps que dix volontés individuelles peuvent balancer mille volontés particulières ? N'est-ce pas s'exposer à laisser faire la loi par la minorité ? ce qui est évidemment contre la nature des choses. »

Sous le bénéfice de ces observations, examinons, d'après les données de l'expérience, à qui doit appartenir le droit d'élection, quelles en doivent être les restrictions, quelles sont, en définitive, les exigences du développement de la vie politique.

Il ne s'agit plus de capacités ; qui les jugerait d'ailleurs ? Le droit appartient à quiconque est apte à l'exercer, voilà la vérité.

V

Ne parlons plus, si l'on veut, des constitutions de la première République, qui n'ont jamais appelé tous les Français à élire leurs représentants sans intermédiaires. Le fait est que tous les priviléges ont été emportés par la révolution de 1848, qui a inauguré un droit public complétement nouveau ; qu'on en fasse son deuil ou qu'on s'en réjouisse, cela est.

Consulter sincèrement toute la population stable, ce qui ne veut pas dire une multitude vague, telle est, en définitive, la science de la politique moderne, si elle ne veut pas tourner à tous les vents.

Un système électoral raisonnable doit se proposer de ne faire appel qu'aux membres de la société intéressés à sa conservation , et aussi peu suspects que possible, n'est-il pas vrai ?

Maintenant, prenons la loi. La constitution de 1848 et la loi du 15 mars 1849 déclarent électeurs, sans condition de cens, *tous les Français âgés de 21 ans qui jouissent de leurs droits civils, par cela seul qu'ils ont une résidence de six mois.*

C'est toujours cette législation qui nous régit, les décrets de 1851-1852 ayant aboli la loi du 31 mai 1850, qui exigeait notamment un domicile de 3 ans.

Il n'est pas besoin d'être riche, il faut le reconnaître, pour être intéressé au salut social ; au point de vue matériel, qui ne songe à faire sa fortune ; à un point de vue plus élevé, qui ne se préoccupe de l'avenir de ses enfants, de l'honneur de son pays? Mais a-t-on réalisé le type de la réglementation du suffrage universel, en permettant à tout Français, résidant depuis six mois sur un point quelconque du pays, de prendre une part active à la direction du gouvernement? Il y a plus, n'a-t-on pas établi une véritable inégalité entre les électeurs, en conférant ainsi éventuellement à un certain nombre d'entre eux le double vote? Et au profit de qui? au profit de ceux-là même qui, ayant une existence nomade, peuvent se trouver successivement dans plusieurs départements pendant le cours d'une même législature, en sorte que le législateur encourage, non la fidélité au foyer, mais la mobilité du domicile, alors que les garanties de l'ordre social ne se trouvent que dans les gages de sécurité fournis par la situation fixe des citoyens.

Sans prêcher autrement l'imitation, on peut citer l'exemple de la constitution des Etats-Unis, qui, outre qu'elle divise le corps législatif en deux assemblées, la chambre des représentants et le sénat, laisse à chacun de ses Etats sa législature particulière. Disons de suite que ces conséquences de la constitution fédérative de l'Union ne sont pas dignes d'envie, et que nous ne les mentionnons que pour montrer l'incertitude des conditions de l'exercice des droits électoraux, même chez un peuple qui vit en République depuis un siècle bientôt. C'est ainsi que le droit de suffrage est attaché à la résidence pendant 6 mois dans certains Etats, pendant 2 ans dans d'autres ; quant au cens, on exige généralement un certain revenu ou un certain capital, le plus souvent en terres ; enfin, il y a des Etats où, pour être électeur, il faut avoir *une bonne renommée.*

Chez nous, où l'unité constitutionnelle existe, les limites doivent être partout les mêmes ; mais quelles sont les limites ? ne sont-elles pas naturellement indiquées par la contribution personnelle, à laquelle tout le monde est soumis ?

La contribution personnelle a été admise de tous temps ; elle était connue des Romains, qui l'appelaient *humana capitatio* et *capitatio plebeia,* parce qu'elle frappait surtout les plébéiens, ceux qui ne payaient pas d'impôt foncier ; la moindre possession immobilière, *quantulacumque possessio,* en dispensant.

D'après la loi française, répétons-le, tout le monde est soumis à la taxe personnelle dans la commune de son domicile réel ; ceux-là seuls en sont exemptés, qui sont inscrits sur les listes de bienfaisance de la commune, ou que les conseils municipaux croient devoir décharger de toute cotisation. Une matrice indique tous les habitants jouissant de leurs droits, et non réputés indigents, qui doivent la contribution personnelle, et des répartiteurs ont pour mission de dresser tous les ans un état des mutations, par suite des décès, des changements de résidence, etc.

Pourquoi ne prendrait-on pas ces bases ? qu'on proclame donc électeurs tous ceux qui sont inscrits au rôle de la taxe personnelle, ou sur l'état des imposables ; qu'on leur adjoigne tous les individus attachés à un chef de famille ou d'établissement, pour lesquels la prestation en nature est payée, les ouvriers qui demeurent chez leurs patrons ; et enfin qu'on demande au moins deux ans de résidence, afin de ne pas laisser exercer un droit aussi considérable que le droit électoral à des nomades, qui, une fois leurs votes jetés dans l'urne, disparaissent sans se soucier des désastres que peuvent causer les embarras qu'ils laissent derrière eux.

Cela ne fera pas l'affaire des meneurs, qui aiment à recruter des électeurs dans la foule réunie au hasard sur la place publique ; mais on peut s'en consoler. En réalité, il n'y aura d'exclus que ceux qui n'ont pas la moindre stabilité, outre les réputés indigents. Comment s'intéresser aux premiers, lorsqu'ils s'intéressent si peu aux autres ? Quant au sort des seconds, n'est-ce pas le cas de dire avec Berryer :

« N'affichons pas une question de sentiment. Quels sont ceux qui sont réputés indigents ? ceux qui sont à la charge de la commune; eh bien, pour la dignité même du suffrage, ceux-là ne peuvent être appelés à voter, car ils ne sont pas libres dans la dignité et l'indépendance que doivent avoir les membres du souverain. Qu'on ne dise pas que c'est une loi des riches ! parce qu'il n'y a que ceux qui sont secourus par le bureau de bienfaisance qui ne soient pas appelés aux élections. C'est là une loi des riches ! et ces paroles irritantes, on vient les jeter devant le peuple français, comme s'il était inintelligent. Non, une loi qui confère le droit politique, le droit de suffrage à quiconque paye 30 sous, ou peut donner 3 journées de travail, n'est pas une loi de richesse. Est-ce sérieux de venir parler de monopole, de castes, alors qu'il y aura 8 millions d'électeurs au lieu de 9 ou 10 millions ? »

Citons encore Proudhon :

« Ceux qui reçoivent des secours de la charité publique ne manqueront pas de se voter à eux-mêmes une liste civile, pour peu que leurs délégués les représentent. Le prolétariat sera dans l'assemblée nationale comme les fonctionnaires dans la chambre de M. Guizot, juge dans sa propre cause, puisant au budget et n'y mettant rien, faisant l'appoint de la dictature, jusqu'à ce que le capital étant épuisé par l'impôt, ne produisant plus rien, la banqueroute générale fasse crever la mendicité parlementaire. »

VI

Il est une autre condition, essentiellement naturelle, qu'il faut chercher dans *l'âge de l'électeur*. Que dirait-on, en effet, d'un père de famille qui remettrait à ses enfants le gouvernement de sa maison avant de les avoir éprouvés?

Le code civil ayant déterminé l'âge auquel l'homme est censé avoir acquis la maturité suffisante pour conduire ses propres affaires, n'y a-t-il plus rien à faire à cet égard, et va-t-il de soi que la majorité civile doive être la majorité politique?

Quand on relit la discussion qui a précédé la rédaction du code 1804, on y trouve l'argument suivant en faveur de la majorité civile de 21 ans, contre celle de 25 ans, qui était celle du droit romain : « Ce ne sera pas une innovation, car elle est déjà consacrée par l'acte constitutionnel qui appelle depuis 1792 les citoyens à exercer leurs droits politiques à 21 ans. »

En sorte que, pour établir la majorité civile, le législateur s'en est rapporté purement et simplement à ce qui avait été réglé en matière politique; et aujourd'hui, pour justifier un âge de raison politique prématuré, on ne trouve rien de mieux que de se retrancher derrière la loi civile. Voilà ce qui s'appelle raisonner suivant les besoins de la cause.

Voyons s'il y a analogie entre ces deux règles. Disons d'abord qu'en matière civile les diverses nations sont loin d'être d'accord sur la durée de la minorité : aux Etats-Unis, elle cesse à 22 ans ; dans le canton de Vaux, à 23 ans ; en Autriche, à

24 ans ; en Prusse, en Hanovre, en Danemark, en Espagne, en Portugal, à 25 ans.

Enfin, si en France elle est fixée à 21 ans, cela se comprend, quand on songe aux difficultés qui embarrassent la marche des affaires des mineurs, outre que, pour permettre à un homme de faire ses preuves de bonne heure, il faut le délier le plus tôt possible et le laisser marcher seul à ses risques et périls ; mais ce n'est pas une raison pour qu'on le considère comme un homme fait à 21 ans. Ainsi, il ne peut être juge, notaire, qu'à 25 ans; il ne peut être juré qu'à 30 ans.

Quoique devenu majeur, un individu qui sort de tutelle est encore réputé mineur, par rapport à son tuteur, jusqu'au compte de la tutelle.

Pour le mariage, la loi impose des conditions tutélaires, telles que le consentement des parents, etc.

Et si l'on abuse de la majorité civile, qui en souffre ? celui qui commet les abus ; tandis que si on est libre de participer au droit politique à 21 ans, c'est la société tout entière qui supporte les conséquences d'une effervescence juvénile. Quel est donc celui de nous, qui, alors qu'il quittait l'école, se décernant un brevet d'homme d'état, ne se montre pas, à moitié de sa vie, moins convaincu de ses forces ? La résolution est une belle chose, à condition que la réflexion l'accompagne et que la passion ne l'entraîne pas. Lamartine, qui ne doit pas être suspect à la jeunesse, disait avec raison qu'en n'élevant pas la garantie d'âge à 25 ans, la société était coupable de remettre son sort dans des mains d'enfants.

Il n'est pas admissible qu'on vote sous les armes ; or, comment admettre que les contemporains des jeunes soldats puissent jouir du droit de suffrage, par cela seul que, pour une cause ou pour une autre, ils sont dispensés du service?

VII

Pour nous résumer, nous croyons que le suffrage à deux degrés ne donnerait pas plus de garanties que le suffrage direct, et que le suffrage direct peut donner satisfaction à tout le monde, le jour où il sera sagement réglé.

C'est ainsi qu'il serait raisonnable d'exiger des électeurs certains moyens d'existence, une résidence de deux années au moins, la majorité de 25 ans, et de maintenir, bien entendu, les exclusions prévues par la loi, pour cause d'indignité.

Ici, qu'il nous soit permis de signaler une catégorie d'indignes que nous voudrions voir également exclue des listes électorales.

Je veux parler *des ivrognes*. On sait que l'ivresse n'est pas un délit prévu par la loi pénale de notre pays. Des criminalistes professent même que l'individu, en cet état, n'ayant plus de raison ni de liberté, n'est pas responsable de ses actes, qu'en conséquence le jury doit déclarer qu'il n'est pas coupable des crimes qu'il a commis. Non-seulement on va jusqu'à innocenter l'ivresse malfaisante, mais encore, en thèse, on soutient que l'ivresse n'est qu'une imprudence qu'il n'appartient pas au législateur de punir préventivement, puisqu'il peut n'en résulter aucun préjudice pour autrui. Pourquoi donc en serait-il ainsi, dès qu'on punit des infractions de police dont les conséquences peuvent être boucoup moins graves?

En Angleterre, l'ivresse est punie, et les délits qui sont commis en cet état sont frappés d'une peine plus forte. De même en Amérique, les ivrognes ont doublement à répondre de leurs actes, par cette raison que leur aveuglement est volontaire, et qu'il y a un mal dans la cause, en outre du mal qu'il y a dans l'effet.

« L'ivrognerie, dit Montaigne, me semble un vice grossier et brutal. Aussi, la plus grossière nation de celles qui sont aujourd'hui, c'est celle qui le tient en crédit. N'est-ce pas le pire état de l'homme, où il perd la connaissance et gouvernement de soy? »

La démocratie a besoin, pour exister, de bonnes mœurs, et, au lieu de nous plaindre vainement de voir la souveraineté livrée à la foule, nous ne devons pas manquer une occasion de moraliser la multitude, en n'admettant sur les listes civiques que ceux qui sont vraiment dignes d'exercer leurs droits. C'est seulement en soumettant le suffrage universel à toutes les influences qu'admettent la justice et la raison qu'on peut en faire une force immense pour le bien.

Quiconque aurait été condamné trois fois pour ivrognerie devrait être suspendu pendant cinq ans de ses fonctions d'électeur, et n'être admis à voter après cette période que s'il s'était corrigé. Est-ce aller trop loin que de récuser un ivrogne d'habitude ?

VIII

Il est un mal enfin, plus grand que tous les autres, dont tout le monde se plaint, et dont on ne saurait trop déplorer les fatales conséquences. Je veux parler des abstentions.

En vain prêche-t-on de ne pas s'abstenir, dans les discours, dans les journaux, dans des circulaires. Rien n'y fait. Le scrutin de liste, on nous l'accordera, a dégoûté des élections, et en privant les citoyens raisonnables des moyens d'enquête qu'ils doivent légitimement désirer se réserver, et en faisant appel aux urnes à tout propos. Pour un seul représentant à nommer dans un département, la région tout entière était remise en mouvement; c'était à n'en plus finir; de là, l'habitude de ne plus aller voter.

Une fois cette habitude prise, c'en a été fait des espérances qu'on était en droit de fonder sur une majorité amie de l'ordre, l'élection n'a plus appartenu qu'aux meneurs et à leur clientèle toujours prête.

Cependant, comme le disait M. Dupin :

« Le suffrage universel, soit; à condition que l'universalité y prendra part, car si elle est assez lâche ou assez mal avisée pour rester chez elle, pour ne pas comprendre et ne pas accomplir son devoir, si elle est vaincue, il faut qu'elle ne s'en prenne qu'à elle-même. Les hommes, pour le plus grand nombre, sont bons; mais cela ne suffit pas, il faut qu'ils soient forts, et ils ne le sont que par le nombre quand ils se manifestent. »

Ajoutons qu'on n'est pas conservateur pour usurper ce nom, qui, bien compris, signifie qu'on est corps et âme avec les partisans de la *liberté dans l'ordre ;* peut-on, en effet, se dire conservateur, quand on se sépare des honnêtes gens ?

Est-il un plus triste scandale que celui qui nous est offert par ces esprits faibles, auxquels la certitude du succès est toujours nécessaire, et qui, s'il se fait attendre, sont de suite rebutés ? que veut de plus le législateur pour porter remède à cet amollissement moral, avant-coureur du suicide?

Il est urgent d'aviser.

Comment avoir le courage de montrer de la sévérité, nous objectera-t-on, contre ceux qui sont empêchés par des occupations ou une maladie? Voyons, qu'importe le droit d'élection à ceux qui n'en peuvent pas user; il y a mieux, lorsqu'on aurait une excuse valable, on la présenterait.

Mais autrement, quel intérêt mérite celui qui s'est abstenu deux fois de suite, par exemple, sans motif plausible; n'y a-t-il pas lieu de l'avertir que, *s'il s'abstient une troisième fois, il sera rayé pendant cinq ans, et qu'il ne pourra être réinscrit après ce temps que sur sa réclamation formelle?*

Il n'y a pas à tergiverser, si l'on veut conserver le suffrage universel; il n'y a que cette espèce d'interdiction pour donner au droit d'élection un prix qu'il n'a pas aujourd'hui, et stimuler les électeurs.

Une amende ne serait une sanction, ni suffisante ni légitime. Elle ne serait pas suffisante, car on trouverait encore trop de gens qui aimeraient mieux payer l'amende que de sacrifier une saison d'eaux, voire même, faut-il le dire, une simple partie de plaisir!

Elle ne serait pas légitime, parce que, tout indispensable que peut paraître une disposition pénale, elle doit se contenter de frapper les actions extérieures ; sinon, c'est une loi de tyrannie.

Rien n'est plus légitime, au contraire, que de faire de l'exercice du droit d'élection une condition *sine quâ non*. C'est bien le moins que les droits politiques relèvent de ce principe général que nul ne peut gêner la respiration régulière du corps social.

Et qu'on ne redoute pas la qualité des électeurs qu'on recruterait ainsi ; une fois réveillés, les plus insouciants ne demanderont qu'à marcher au pas ; je n'en veux pour preuve que l'intérêt, qui, véritable mesure des actions, ne manquera pas de guider les citoyens, le jour où, sous le coup d'une radiation qui noterait d'indignité, ils seront obligés de faire leur service.

Si la question était là, et non tout entière dans la nécessité où l'on se trouve d'obtenir l'expression complète de l'opinion publique, il n'y aurait pas de grands efforts à faire pour démontrer qu'à part les peureux, il n'y a que les égoïstes qui soient disposés à se reposer sur les autres du soin de défendre la société. Et voilà ceux auxquels on s'intéresserait au point de ne pas vouloir troubler leur quiétude ! Croit-on donc qu'ils soient habitués à tant de ménagements, ceux qui sont enrôlés dans telle ou telle association d'agitateurs ; ne faut-il pas qu'ils marchent comme un seul homme avec la secte dans les flots de laquelle ils se sont une fois engagés ?

Concluons. — Il n'est que temps de parer à un état de choses gros d'orages ; on le peut, le législateur n'a qu'à vouloir.

Dieu nous garde d'exalter outre-mesure la constitution de l'Angleterre ; mais on ne peut s'empêcher de partager l'opinion qu'émettait déjà, il y a 400 ans, Philippe de Commines :

« Entre toutes les seigneuries du monde dont j'ai connaissance où la chose publique est mieux traitée et où règne moins de violence sur le peuple, c'est en Angleterre. »

C'était vrai à cette époque, et c'est resté vrai encore dans une certaine mesure. Pourquoi? C'est surtout parce que la constitution d'Angleterre est l'œuvre du temps, parce qu'elle est appropriée aux mœurs et aux besoins de sa population ; tandis qu'en France, après avoir fait des emprunts à tous les pays, après avoir essayé de tout, nous ne nous sommes arrêtés à rien, pas plus aux constitutions populaires qu'aux chartes octroyées.

Cela donne à réfléchir, et on se prend volontiers à écouter cette observation de l'auteur de l'*Esprit des Lois :*

« Ceux qui ont goûté du gouvernement républicain ont mis la liberté dans ce gouvernement, et ceux qui ont joui du gouvernement monarchique l'ont placée dans la monarchie. Enfin, chacun appelle liberté le gouvernement qui est conforme à ses coutumes ou à ses inclinations. »

Est-elle moins juste, cette remarque de Benjamin Constant :

« La reconnaissance abstraite de la souveraineté du peuple n'augmente en rien la somme de liberté des individus, et si on attribue à cette souveraineté une latitude qu'elle ne doit pas avoir, la liberté peut être perdue, malgré ce principe ou par ce principe. »

C'est ainsi que l'unité sociale règne en France, alors qu'en Angleterre l'égalité n'existe pas entre les diverses classes de la nation ; mais l'Angleterre est un pays où la liberté concorde avec le respect de la loi, sans lequel il n'y a que la guerre civile, cette *ultima ratio* des mécontents de notre pays d'égalité.

Nous avons tous, en France, le droit d'élection, qui n'est pas reconnu en Angleterre comme droit fondamental ; voulons-nous conserver notre constitution? Empêchons qu'elle ne se dénature. Un défaut de précautions peut être mortel.

Le mal est dans les mœurs ; que le remède vienne du pouvoir social, qui doit arrêter la règle des actions, dès qu'elle n'est plus dans les consciences.

Les opinions les plus opposées peuvent prévaloir tour à tour ; ce ne sont là que des accidents ; mais ce qui ne peut pas ne pas dominer toujours, c'est la question de la sécurité de tous.

Ne jugeons pas tels ou tels succès politiques, constatons purement et simplement que si la direction des affaires publiques, ne dépendant que du consentement général, se trouve abandonnée à l'arbitraire d'un juge qui ne délibère pas, nos institutions sont retournées contre leur esprit. En effet, le triomphe de la minorité, est-ce là l'idéal? N'est-ce pas, au contraire, ce qu'on s'est proposé d'empêcher?

A cette assertion commode que les abstentions sont invincibles, le législateur n'a qu'une réponse à faire :

« Le droit de voter se perdra par le non usage. »

Qui se plaindrait que celui qui ne se respecte pas lui-même ne soit pas respecté ?

Et l'on verra si ce que l'on est exposé à perdre n'acquiert pas tout à coup une plus grande valeur. Ce sera comme le contre-coup du sentiment, qui, habituellement, nous détache de ce que nous possédons en commun, et qui, spécialement, inspire si mal la plupart des citoyens en les incorporant par millions dans une majorité de neutres, engendrée du jour au lendemain par ce raisonnement de chacun : un de plus, un de moins, qu'est-ce que cela fait ?

L'erreur est trop répandue pour que la loi ne se préoccupe pas sérieusement de défendre la société contre le danger qui la menace.